Käthi La Roche

«KUNSTWERK» GROSSMÜNSTER

TVZ

Für Sigmar Polke
in Dankbarkeit für sein
Geschenk ans Grossmünster:
Leuchtende Fenster
aus Stein und aus Glas

Käthi La Roche

«KUNSTWERK» GROSSMÜNSTER
Ein theologischer Führer

TVZ
Theologischer Verlag Zürich

Gedruckt mit freundlicher Unterstützung
der Evangelisch-reformierten Kirchgemeinde
Grossmünster, Zürich

Bibelstellen zitiert nach der Zürcher Bibel (2007)
© Verlag der Zürcher Bibel beim Theologischen Verlag
Zürich

Bibliografische Informationen der Deutschen
Nationalbibliothek
Die Deutsche Nationalbibliothek verzeichnet diese
Publikation in der Deutschen Nationalbibliografie;
detaillierte bibliografische Daten sind im Internet
über http://dnb.d-nb.de abrufbar.

Umschlaggestaltung, Satz und Layout
Mario Moths, Marl

Kirchenfenster von Sigmar Polke
© 2009 Sigmar Polke, Köln
fotografiert von Lorenz Ehrismann, Winterthur

Fotografien
© Christof Hirtler, Altdorf

Fotografien S. 25, 28
© Andreas Mossner, Zürich

Druck
Rosch-Buch GmbH, Scheßlitz

ISBN 978-3-290-17483-5
2. Auflage 2010
© 2009 Theologischer Verlag Zürich
www.tvz-verlag.ch

Alle Rechte, auch die des auszugsweisen
Nachdrucks, der fotografischen und audiovisuellen
Wiedergabe, der elektronischen Erfassung
sowie der Übersetzung, bleiben vorbehalten.

INHALT

EINLEITUNG	6
▬▬ ERSTER RUNDGANG: FENSTER	8
Die Fenster von Sigmar Polke	10
Das Menschensohn-Fenster	12
Das Elija-Fenster	14
Das grüne David-Fenster	16
Das Fenster von Isaaks Opferung – der Schlüssel zum Ganzen	18
Das Sündenbock-Fenster	20
Die Apostel-Fenster von Georg Kellner/Johann Jakob Röttinger	22
Augusto Giacomettis Weihnachtsfenster im Chor	24
▬▬ ZWEITER RUNDGANG: RAUM UND RÄUME	26
Das Kirchenschiff	28
Die Krypta	30
Der Hochchor	32
Die Zwölfboten-Kapelle	34
▬▬ DRITTER RUNDGANG: SKULPTUREN	36
Karl der Grosse und die Zürcher Stadtheiligen	38
Steck dein Schwert in die Scheide – das Guido-Relief	40
Die vielen Gesichter des Löwen	42
Hasen – immer auf der Flucht	44
Die vier Evangelisten	46
Das Hauptportal schliesst viele Türen auf	48
NACHWORT	50

EINLEITUNG

*Nicht primär im Denken,
sondern in der Sinnlichkeit
vollzieht sich Transzendenz.*
Emmanuel Levinas

ANLASS zu diesem kleinen Führer haben die neuen Glasfenster von Sigmar Polke gegeben. Ihretwegen kommen viele von nah und fern ins Grossmünster – vielleicht auch Sie. Ihnen soll mit diesem Büchlein eine Lese-Hilfe an die Hand gegeben werden, die das Betrachten und Verstehen erleichtert. Es soll zum Verweilen einladen in diesem Raum, der noch manch andere Kunstschätze aus fast einem Jahrtausend birgt. Generationen haben ihre Glaubenszeugnisse eingeschrieben in dieses Bauwerk, das allein dem Gottesdienst gewidmet ist. Und darauf soll die Wahrnehmung gelenkt werden, denn um Besinnung geht es im Grossmünster wie in jeder anderen Kirche auch: Dass uns die Augen aufgehen ...

ERSTER RUNDGANG: *Fenster*

Sind die Kirchen reformierter Tradition nicht für ihre strenge Beachtung des biblischen Bilderverbotes, für ihre Bildlosigkeit, ja Bilderfeindlichkeit bekannt? Und haben nicht gerade die Schweizer Reformatoren, besonders auch Huldrych Zwingli in Zürich, sämtliche Bilder aus den Kirchen entfernt, alle Altar- und Heiligenbilder beseitigt, alle Andachtsbilder und allen Schmuck, mit dem sie ausgestattet waren?

In der Tat wurde im Jahre 1524 alles, was der Materialisierung des Heiligen und der frommen Verehrung diente, aus dem Grossmünster fortgeschafft. Darum wirkt diese Kirche auch heute noch so leer. Bildfenster waren vermutlich gar keine da. Doch auch andernorts, wie etwa im Berner Münster, wo der Bildersturm weit dramatischer verlief als in Zürich, hat man diese nicht der Zerstörung anheimgegeben. Denn die Glasfenster waren niemals Teil des lukrativen Ablasswesens und damit des Missbrauchs der römischen Kirche gewesen, gegen welchen sich der Ikonoklasmus der Reformatoren hauptsächlich richtete. Vielmehr waren es Darstellungen der Heilsgeschichte zur Bildung und Erbauung der Gläubigen, eine Art *biblia pauperum* für des Lesens unkundige Leute. Als solche dienten sie dem kirchlichen Verkündigungsauftrag und damit dem Hauptanliegen der Reformatoren.

Die ersten farbigen Kirchenfenster des Grossmünsters wurden erst 1853 im Chor eingesetzt, nämlich Werke des Nürnberger Glaskünstlers Georg Kellner aus der Werkstatt Johann Jakob Röttingers. Von diesen umfangreichen Fenstern, die 1932 den neugeschaffenen Chorfenstern Augusto Giacomettis weichen mussten, sind nur die beiden Apostel-Fenster übriggeblieben, die sich seit 1933 in der Westwand unter der Empore befinden. 2009 schliesslich kamen neue Fenster hinzu, die der Künstler Sigmar Polke für die Kirche geschaffen hatte, die Achatfenster im Westteil und die Bildfenster in den beiden Seitenschiffen.

So sind die Farbglasfenster im Grossmünster künstlerische und theologische Glaubenszeugnisse der letzten dreihundert Jahre, vom 19. bis zum 21. Jahrhundert. Wir gehen den umgekehrten Weg und beginnen mit den jüngsten Fenstern.

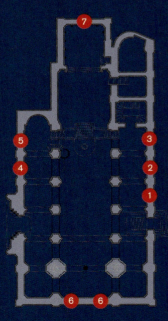

1 DAS MENSCHENSOHN-FENSTER
2 DAS ELIJA-FENSTER
3 DAS GRÜNE DAVID-FENSTER
4 DAS FENSTER VON ISAAKS OPFERUNG
5 DAS SÜNDENBOCK-FENSTER
6 DIE APOSTEL-FENSTER
7 DAS WEIHNACHTSFENSTER

DIE FENSTER VON SIGMAR POLKE

DIE VON SIGMAR POLKE gestalteten Achat- und Farbglasfenster im Kirchenschiff gehorchen einem einheitlichen ikonografischen Konzept. Sie setzen sich formal mit den architektonischen und baugeschichtlichen Gegebenheiten im Grossmünster auseinander und nehmen unter dem theologischen Gesichtspunkt der *christologischen Präfiguration* – dass schon Gestalten aus dem Alten Testament messianische Erwartungen und Verheissungen verkörpern – thematisch Bezug auf Augusto Giacomettis Fenster. Das zentrale christologische Motiv dieser Chorfenster ist das Weihnachtsgeschehen, die Inkarnation des Wortes in der Menschwerdung Gottes, die Konkretion des Geistes in der Gestalt des neugeborenen Jesuskindes. Auf dieses Konkretwerden hin ist das Bildprogramm von Sigmar Polkes Glasfenstern in den beiden Seitenschiffen ausgerichtet, diesem verpflichtet ist aber auch die Gestaltung der Achatfenster im Westteil der Kirche.

Die sieben Achatfenster (inklusive der Lunette über dem Nordportal und der Rosette über dem Südportal) greifen auf eine sehr alte Technik zurück: Achat-Steinschnitte fanden schon in der frühchristlichen Baukunst Verwendung, auch in der Fensterverkleidung. Weil die geschnittenen Scheiben nicht eigentlich transparent sind, verdunkeln sie den Westteil der Kirche – wie es liturgisch ja auch sein sollte: In einer Kirche führt der Weg des Gottesdienstes vom Dunkel ins Licht. Deshalb sind Kirchen in aller Regel geostet, auch, soweit es die topografischen Verhältnisse erlaubten, das Grossmünster! Die Transluzidität der Achatsteine ist allerdings durch die moderne Technik des Dünnschliffs gegenüber früher wesentlich erhöht. Damit ergeben sich neu ganz besondere «Einblicke ins Innere der Materie»: Die Form- und Farbphänomene der Achatscheiben zeigen verschiedene Gerinnungszustände von Zeit und Materie, die mit der bildlichen Vorstellung der Weltschöpfung assoziiert werden können – eine erste Konkretion, Materialisierung des göttlichen Geistes, eine erste Präfiguration des Logos. Zudem entspricht die intensive Farbigkeit und die Kleinteiligkeit dieser bleigefassten Achatsteine, die sich fast wie ein Mosaik zu einem Ganzen fügen, den Chorfenstern von Giacometti in kongenialer Weise, was dem ganzen Kirchenraum eine grössere Geschlossenheit gibt.

Die fünf Farbglasfenster gestalten das Thema figurativ und zugleich – in der Bezugnahme auf alttestamentliche Gestalten aus christlicher Perspektive – präfigurativ. Zur Darstellung kommt in jedem dieser Bilder ein Aspekt dessen, was für das christliche Gottesverständnis konstitutiv ist: die «Fleischwerdung» des Wortes. In den Gestalten des Königs David, des Menschensohnes und des Opferlammes, in den Szenen von Elijas Himmelfahrt und von Isaaks Opferung manifestiert sich derselbe Geist, der uns in Jesus Christus Gottes Sohn «sehen» lässt.

Sigmar Polkes Bildfenster nehmen aber nicht nur inhaltlich Themen aus der Tradition auf, sondern auch formal. Die einzelnen Bildmotive sind oftmals Zitate aus mittelalterlichen Evangeliaren und Buchmalereien, aus dem 12. Jahrhundert wie die romanische Architektur des Grossmünsters. Sigmar Polke hat sie jedoch in künstlerischer Freiheit und mittels modernster Techniken ganz eigenwillig neu gestaltet und sie dann mit dem Glasmaler zusammen in Glas umgesetzt. Einzig das Sündenbock-Fenster ist in traditioneller Weise gefertigt, als bleigefasstes Farbglasbild; die übrigen vier in den unterschiedlichsten und teilweise ganz neuartigen Glastechniken.

Wir brechen nun auf zu einem Rundgang zu den einzelnen Bildfenstern: durch das südliche Seitenschiff nach vorne und durch das nördliche wieder zurück.

DAS MENSCHENSOHN-FENSTER

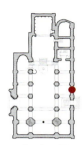

DAS HEBRÄISCHE WORT FÜR MENSCHENSOHN kommt aus der jüdischen Tradition und ist in der Bibel äusserst vieldeutig. Er bezeichnet einerseits das Geschöpf, das Gott nach seinem Ebenbild geschaffen hat (Psalm 8,5), aber auch den Menschen, den Gott sich zu seinem Gesandten auserwählt hat, den Propheten etwa (Ezechiel 2,1) oder den Messias, der kommen soll zum Gericht und zur Erlösung (Daniel 7,13f) – eine endzeitliche Gestalt.

In den Evangelien braucht Jesus den Ausdruck Menschensohn oft, wenn er über sich selbst redet. Beispielsweise lässt er seine Jünger wissen, dass *der Menschensohn Vollmacht hat, auf Erden Sünden zu vergeben.* (Markus 2,10) Oder, in Bezug auf sein bevorstehendes Leiden: *Denn auch der Menschensohn ist nicht gekommen, um sich dienen zu lassen, sondern um zu dienen und sein Leben hinzugeben als Lösegeld für viele.* (Markus 10,45) Oder, als Antwort auf die Frage des Hohen Priesters nach seiner Gefangennahme, ob er der verheissene Messias sei: *Ich bin es, und ihr werdet den Menschensohn sitzen sehen zur Rechten der Macht und kommen mit den Wolken des Himmels.* (Markus 14,62)

Sigmar Polke «spielt» in diesem Fenster mit der Vieldeutigkeit der Figur des «Menschensohnes» als Präfiguration des Christus. Er liefert uns als Betrachter der Irritation und den Fragen aus: Inwiefern ist denn der Menschensohn auch Gottes Sohn? Könnte mit Menschensohn oder Menschenkind jede und jeder gemeint sein? Ist Jesus einer wie wir? Repräsentiert er die Menschheit vor dem Thron des Ewigen oder repräsentiert er Gott in seiner Menschlichkeit vor aller Welt?

Die gedankliche Irritation ist auch eine optische: Das Auge springt immer wieder von den verschiedenen, im Profil einander zugewandten Gesichtern zu den Zwischenräumen, zu den symbolisch aufgeladenen, durch die Fülle des Lichts zerfliessenden Kelchformen. Wie sollen wir verstehen, was wir sehen? Ein Vexierspiel: Siehst du die Dinge so oder anders? Man kann sie eben verschieden sehen.

Jesus sagte, als er seinen Jüngern den Kelch reichte: *Das ist mein Blut des Bundes, das vergossen wird für viele.* (Markus 14,24) Bis heute können sich Christen der verschiedenen Konfessionen nicht einigen, wie dieses «ist» zu verstehen sei. Lassen wir uns vor dem Menschensohn-Fenster zum Nachdenken anregen.

Fenster sind ja ohnehin Orte der Interaktion. Sie sind die Nahtstellen zwischen Innen und Aussen, zwischen «Diesseits» und «Jenseits». Sie sind Durchgänge, durch die Licht einfällt und eine Botschaft in den Innenraum bringt. Sie sind aber auch Öffnungen, durch die wir mit unseren Gedanken und Sehnsüchten hinausgelangen ins Freie. Das Menschensohn-Fenster lässt uns stärker als die übrigen Fenster diese Wechselwirkung, das Ineinander von Innen und Aussen spüren. Es regt zu allerlei Betrachtungen an, zum Hineinschauen in sich selbst und in andere Wirklichkeiten.

Interaktionen gibt es übrigens auch zwischen dem Menschensohn-Fenster und den übrigen Fenstern, die Sigmar Polke geschaffen hat. Jedes muss für sich betrachtet werden, jedes ist von seiner technischen Gestaltung her ein Unikat. Aber gleichzeitig gibt es viele Bezüge thematischer, ikonografischer Art: Ist es Zufall, dass das Sündenbock-Fenster an der Nordwand sich dem Menschensohn-Fenster gegenüber befindet? Als bräuchten wir uns nur umzudrehen, um eine Antwort zu finden auf die vielen Fragen, von denen uns der Kopf jetzt schwirrt?

DAS ELIJA-FENSTER

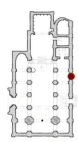

DER PROPHET ELIJA ist der biblischen Legende nach die einzige Gestalt, die nicht gestorben, sondern in dramatischer Weise in den Himmel entrückt worden ist (neben Henoch, von dem es heisst: «*Dann war er nicht mehr da.*» (Genesis 5,24) An ihn knüpfen sich deshalb in der jüdischen Tradition viele Erwartungen: etwa, dass er wiederkommen werde, dass er jederzeit, überall und in unterschiedlichster Gestalt auftauchen könne, dass er als Vorläufer des Messias auf Erden erscheinen und dessen Ankunft ankündigen müsse. Als Jesus seine Jünger fragte: *Für wen halten mich die Leute?*, da antworten sie unter anderem: ... *für Elija.* (Markus 8,27f)

In der Mitte des Fensters, in dem Medaillon, das einer Münze gleicht, ist Elijas Himmelfahrt dargestellt: Er steht auf einem Sonnenwagen, der von feurigen Rossen gezogen wird und lässt seinen Prophetenmantel fallen. (2. Könige 2) Darunter und ausserhalb des Medaillons steht sein Jünger Elisa. Er empfängt den Mantel und wird auf diese Weise als Nachfolger autorisiert. Ein Prophet, aber kein zweiter Elija. Elija gibt es nur einmal.

Die Geschichte von Elijas Himmelfahrt ist eine Variante der in antiken Mythologien häufigen Überfahrtsgeschichten: Für die Überfahrt ins Jenseits muss der Mensch, wie für jede Überfahrt, einen Zoll entrichten, er muss sie «erkaufen», er bezahlt sie mit dem Leben. Das ist die Symbolik der Münze oder, als spirituelle Wahrheit ausgedrückt: die andere Seite der Medaille.

Das Bild der Münze sagt auch: Hier kommt etwas Wertvolles, Kostbares zur Darstellung. Und wie bei allen Münzen muss man sie sehr genau betrachten, um zu sehen, was darauf dargestellt ist. Vielleicht ist es auch wie bei der Sonne: Man kann nicht nahe genug herangehen und nicht direkt hineinblicken, sonst sieht man gar nichts. Alles verdichtet sich im Inneren des Medaillons, alle auf diesen einen entscheidenden Augenblick konzentrierte Zeit – und, im Gegensatz dazu, erscheint alles rundherum fragmentiert, zersplittert und auseinandergesprengt. Von diesem Kontrast lebt die ganze Darstellung: Im Innern des Bildes fällt alles zusammen, darum herum fällt alles auseinander in ungezählte Fragmente: Abbild der Welt, in der wir leben.

Die Gestalt des Elija wird im Alten Testament so sehr als eine Präfiguration des Messias verstanden, die mit ihrem Erscheinen die Erlösung ankündigt (Maleachi 3,23), dass sie überall im Neuen Testament in Zusammenhang mit denen gebracht wird, die den Anbruch des Reiches Gottes ankünden: mit Johannes dem Täufer oder eben mit Jesus. Zusammen mit Moses erscheint Elija auf dem Berge der Verklärung, wo die Jünger Jesus zum ersten Mal in österlichem Glanz erstrahlen sehen, entrückt in jene andere Wirklichkeit – jenseits aller Widersprüche der irdischen Realität und diese in ein anderes Licht stellend. Und als Jesus schliesslich am Kreuz und in seiner Verlassenheit den Psalm 22 betet: *Eloi, eloi, lema sabachtani! (Mein Gott, mein Gott, warum hast du mich verlassen!)*, da sagen einige: *Hört, er ruft nach Elija!* (Markus 15,34f) Denn wo Elija ist, da ist die Erlösung nicht mehr weit! Er ist der Bote der heilsamen Gegenwart Gottes.

DAS GRÜNE DAVID-FENSTER

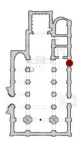

KÖNIG DAVID – woran erkennt man ihn? Nicht am Schwert wie andere Könige. Wiewohl er es auch zu führen wusste, um Jerusalem zu erobern. Niemals je wieder hat ein König Israel so gross gemacht. Und trotzdem sind nicht die Insignien der Macht sein Emblem, sondern die Harfe. Daran erkennt man König David, den Sänger und Psalmendichter:

Der HERR ist mein Hirt, mir mangelt nichts,
er weidet mich auf grünen Auen.
Zur Ruhe am Wasser führt er mich,
neues Leben gibt er mir. (Psalm 23)

Von grünen Auen mag David als Hirtenjunge nur geträumt haben, als er in den felsigen Bergen des Südlandes seine Schafe zu mageren Futterplätzen trieb. Von grünen Auen mag Israel nur geträumt haben, als es mit Moses durch die Wüste zog und sich nach den Fleischtöpfen in Ägypten zurücksehnte. Ein Land, wo Milch und Honig fliesst, war ihm verheissen, das gelobte Land! Gott gab es schliesslich in Davids Hand und ihm gelang es, darauf sein Reich zu gründen. Er war der von Gott erwählte König und Gesalbte. Unter seiner Herrschaft lebte Israel erstmals in Sicherheit und Frieden.

Grün meint: Leben, gutes Leben, Leben für alle, Schalom. Das besingt David. Er besingt es nicht nur, er verkörpert es. Er ist das Land, von Wasserläufen durchzogen. Israel. Sehen Sie es? Oder ruft die Farbe Grün eher militärische Assoziationen wach: Truppen und Panzer, feindliche Auseinandersetzungen? Israel hat immer um seine Existenz kämpfen müssen, bis heute.

David aus Betlehem in Juda, König in Jerusalem – er steht für das «Land, das allen in die Kindheit scheint und in dem noch keiner war» (Ernst Bloch), für Erez Israel, wohin das jüdische Volk sich zurücksehnte in all den Jahrhunderten des Exils, für den Zion, zu dem die Völker strömen werden, wenn Gott sein Friedensreich auf Erden errichten wird. In seiner Person leuchtet auf, was für uns Christinnen und Christen in der Gestalt des Davidsohns und Friedenskönigs Jesus Christus konkret geworden ist: Dass wir einen Hirten haben, der uns zur Quelle führt, zur sicheren Wohnstatt, zum Leben, zum Ziel. Jetzt schon und dann einmal.

Wandere ich auch im finstern Tal,
fürchte ich kein Unheil,
denn du bist bei mir,
dein Stecken und dein Stab,
sie trösten mich.
Du deckst mir den Tisch
im Angesicht meiner Feinde.
Du salbst mein Haupt mit Öl,
übervoll ist mein Becher.
Güte und Gnade werden mir folgen
alle meine Tage,
und ich werde zurückkehren ins Haus des
HERRN
mein Leben lang. (Psalm 23)

DAS FENSTER VON ISAAKS OPFERUNG – DER SCHLÜSSEL ZUM GANZEN

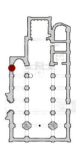

*Denn an Schlachtopfern hast du kein Gefallen,
und wollte ich Brandopfer bringen, so willst du sie nicht.
Das Opfer, das Gott gefällt, ist ein zerbrochener Geist,
ein zerbrochenes und zerschlagenes Herz wirst du, Gott,
nicht verachten.* (Psalm 51,18f)

KENNEN SIE die schreckliche Geschichte von Isaaks Opferung? Abraham glaubte, seinen Gehorsam Gott gegenüber dadurch unter Beweis stellen zu müssen, dass er ihm seinen einzigen Sohn und Erben der Verheissung zum Opfer bringe. Schon hatte er einen Altar gebaut, das Holz aufgeschichtet, das Messer gezogen, mit dem er Isaak töten wollte, als ihm ein Gottesbote in den Arm fiel und ihn von dieser schrecklichen Tat abhielt. Da brach ein Widder, der sich im Gebüsch verfangen hatte, durch die Zweige und Abraham nahm diesen und schlachtete ihn als Brandopfer anstelle seines Sohns. *Und Abraham nannte jene Stätte: Der-HERR-sieht, wie man noch heute sagt: Auf dem Berg, wo der HERR sich sehen lässt.* (Genesis 22,14)

Kaleidoskopartig gespiegelt und eine Rosette bildend, vielmehr ein Rad, das sich endlos dreht, versinnbildlicht die Figur des Abraham, der das grosse Schlachtmesser zieht, die Spirale der Gewalt. Nicht nur Täter ist er, sondern immer auch schon Opfer, beides in einem, Opfer seiner eigenen Verblendung. Er geht gewissermassen gegen sich selbst vor, stösst sich das Messer ins eigene Herz, wenn er die Hand gegen sein geliebtes Kind erhebt. Ist es Zufall, dass der Künstler in diesem Fenster die Farbe violett dominieren lässt, die liturgische Farbe der Trauer und des Schmerzes, des Karfreitags?

Unter dem «Rad», in vier Bildkassetten, wiederum symmetrisch gespiegelt, sind diejenigen zu sehen, die «unter die Räder» kommen: Isaak, den die Hand seines Vaters am Schopf packt, aber auch der Widder, das Opfertier, das bereits den Todesstoss empfangen hat. Es bewahrt den Vater und den Sohn davor, selbst Opfer zu werden.

In gewisser Weise stellt dieses Fenster die Tragik dar, dass wir immer wieder meinen, den eigenen Glauben mit dem Schwert bezeugen zu müssen und ihn damit pervertieren. Hier im Grossmünster darf man in diesem

Zusammenhang vielleicht auch an Zwingli erinnern, der 1531 gegen die katholischen Kantone zog, um die Reformation zu verbreiten und in der Schlacht bei Kappel am Albis starb.

Für die Darstellung von Isaaks Opferung wählte der Künstler eine stark ornamentale Lösung. Das könnte man so lesen, dass ein Gedanke zum Ornament wird, wenn er verflacht, verallgemeinert oder wenn er bewusst umgelenkt werden soll. Umgelenkt worauf? Sehen Sie die sich wiederholenden Kreuzformen in der Anordnung der verschiedenen Motive? Selbst in dem zum Emblem gewordenen Engelsgeschwader zuoberst im Bild? «Dieses Fenster enthält den Schlüssel zu allen übrigen, und es ist ein ganz reformiertes Fenster!», sagte der Künstler über seinen ersten Entwurf. Das ist die Spur, auf die uns Sigmar Polke setzen will, eine Anregung zur Betrachtung und Deutung des Bildes als eines Traumes (oder eines Alptraumes).

Rabbi Nachman von Bratzlaw sagt: *Nichts ist heiler als ein zerbrochenes Herz.*

Mit dieser zutiefst religiösen Wahrheit konfrontiert uns die Geschichte von Isaaks Opferung und ihre Darstellung in diesem Fenster.

DAS SÜNDENBOCK-FENSTER

*Er wurde bedrängt,
und er ist gedemütigt worden,
seinen Mund aber hat er nicht aufgetan
wie ein Lamm, das zur Schlachtung gebracht wird,
und wie ein Schaf vor seinen Scherern verstummt.* (Jesaja 53,7)

KEIN LÄMMLEIN, ein Böcklein eher, ein Widder ist das, was wir hier sehen. Der Sündenbock, der, auf den man alles abschiebt, ablädt und ihn dann zum Teufel jagt, in die Wüste hinaustreibt. So beschrieben in Leviticus, dem dritten Buch Mose:

Und Aaron soll beide Hände auf den Kopf des lebenden Bocks legen und über ihm alle Schuld der Israeliten und all ihre Vergehen bekennen (...). Und er soll sie auf den Kopf des Bocks legen und ihn (...) in die Wüste treiben lassen. So soll der Bock all ihre Schuld mit sich forttragen in die Öde. (Leviticus 16,21f)

Wenn es nur so einfach wäre, sich selbst von aller Schuld zu befreien! Ganz schmerzlos war dieser Eliminationsritus für die Betroffenen allerdings auch in alttestamentlicher Zeit nicht. Er setzte immerhin Einsicht in eigenes Fehlverhalten, öffentliches Benennen der Schuld und Reue voraus. Christlich gesprochen: Sündenbewusstsein und Sündenbekenntnis, etwas, was auch in unserer Zeit alles andere als selbstverständlich ist. Der Sündenbock, der alles Böse der Menschen hinwegträgt, ist schon in der Bibel immer stärker zur Metapher geworden. Im Buch Jesaja wird vom «Gottesknecht» das Gleiche wie von einem «Opferlamm» ausgesagt:

*Durchbohrt aber wurde er unseres Vergehens wegen,
unserer Verschuldungen wegen wurde er zerschlagen,
auf ihm lag die Strafe, die unserem Frieden diente,
und durch seine Wunden haben wir Heilung erfahren.* (Jesaja 53,5)

Und so ist schliesslich das «Lamm Gottes» zu einem der wichtigsten Schlüssel für die Deutung des zentralen Geheimnisses des christlichen Glaubens geworden: dass Gottes Sohn unseretwegen den Tod am Kreuz erlitten hat.

Dass Gott sich in ihm offenbart als einer, der Unrecht und Gewalt erleidet und auch überwindet durch die Kraft der Vergebung, zu unserem Heil.

Verachtet war er und von Menschen verlassen,
ein Mann der Schmerzen und mit Krankheit vertraut
und wie einer, vor dem man das Gesicht verhüllt,
ein Verachteter, und wir haben ihn nicht geachtet.
Doch unsere Krankheiten, er hat sie getragen, und unsere Schmerzen hat er auf sich genommen.
Wir aber hielten ihn für einen Gezeichneten, für einen von Gott Geschlagenen und Gedemütigten. (Jesaja 53,3f)

Dass Gott kein strafender Gott ist, der uns die Sünden anrechnet, sondern ein liebender Gott, der uns aus Schuld und Tod erretten will; dass seine Barmherzigkeit grösser ist als unsere Gerechtigkeit und seine zum Leben befreiende Liebe stärker als der Tod – all dies verdichtet sich im Symbol des Lammes.

Es ist jetzt «ein für allemal Schluss damit, dass wir Opfer bringen», sagt Sigmar Polke. Möglicherweise will der Künstler das auch formal ausdrücken: Der Widder ist zerschnitten. Gott will keine Opfer, er gibt sich selbst zum Opfer, damit wir leben. *Durch seine Wunden haben wir Heilung erfahren!* – diese zentrale Aussage wird sinnlich fassbar dadurch, dass der Künstler in diesem Fenster Turmaline, die kostbarsten Steine, für die Wunden eingesetzt hat.

DIE APOSTEL-FENSTER VON
GEORG KELLNER/JOHANN JAKOB RÖTTINGER

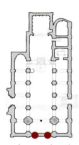

PETRUS UND PAULUS sind die beiden prominentesten Apostel der christlichen Tradition. Petrus war der erste Jünger, den der irdische Jesus in seine Nachfolge rief. Und Paulus nach seinen eigenen Worten der «letzte» der Apostel, den der auferstandene Christus in seinen Dienst berufen hat.

Das Attribut, an dem man Petrus erkennt, ist der Schlüssel. Das hat seinen Grund darin, dass Jesus ihm die Schlüsselgewalt übertragen hat für das Reich der Himmel, nachdem dieser ihn erkannt und gesagt hatte: *Du bist der Messias, der Sohn des lebendigen Gottes!* Darauf, so lesen wir bei Matthäus, habe Jesus geantwortet:

Und ich sage dir: Du bist Petrus, und auf diesen Felsen werde ich meine Kirche bauen, und die Tore des Totenreichs werden sie nicht überwältigen. Ich werde dir die Schlüssel des Himmelreichs geben, und was du auf Erden bindest, wird auch im Himmel gebunden sein, und was du auf Erden löst, wird auch im Himmel gelöst sein. (Matthäus 16,18–20)

So hat denn Petrus von Anfang an eine führende Rolle bekommen in der christlichen Urgemeinde in Jerusalem und weit darüber hinaus. Nach der Legende soll er in Rom den Märtyrertod gestorben sein. Über seinem Grab erhebt sich der Petersdom und auf dem Stuhl Petri sitzt bis heute derjenige, der in der Nachfolge des Apostels Petrus Bischof von Rom und Papst der römischen Kirche ist.

Ein Kirchengründer und -führer ganz anderer Art war der Apostel Paulus. Wie Petrus hat er ein Buch in Händen, das Evangelium, das er als Völkermissionar in alle Welt hinausgetragen hat. Das spezifische Attribut jedoch, an dem man ihn erkennt, ist das Schwert. Dies nicht, weil er sich des Schwerts bedient hätte, sondern weil er durch das Schwert umgekommen ist, auch er ein Blutzeuge für seinen Herrn. Aber mehr noch, weil er ein anderes Schwert zu führen wusste, das Schwert des Geistes. Seine wortgewaltigen Briefe an die Gemeinden, die er gegründet hatte, sind so wichtig geworden für die junge Christenheit, dass die Kirche sie aufgenommen hat in den Kanon ihrer Heiligen Schriften.

Die beiden Apostelfenster befanden sich ursprünglich im Chor der Kirche, wo sie ein mittleres Christus-Fenster einrahmten. Gefertigt wurden sie nach Entwürfen des Nürnberger Künstlers Georg Kellner von Johann Jakob Röttinger, einem Glasmaler, der aus Deutschland eingewandert war und sich 1844 in Zürich niedergelassen hatte. Neben den Fenstern fürs Grossmünster (1853) schuf er auch welche fürs Basler Münster und für die Kirche von Pieterlen im Kanton Bern. Im 19. Jahrhundert war das Interesse an der Glasmalkunst neu erwacht. Röttingers Werke gehörten damals zu den bedeutenden. 1932 sind seine ausgesprochen lichtdurchlässigen Chorfenster im Grossmünster durch die Giacometti-Fenster ersetzt worden, weil die Gottesdienstgemeinde zu stark geblendet wurde. Die Fenster wurden ausgebaut, das Christus-Fenster im Karlsturm eingelagert und die beiden Glaubenswächter Petrus und Paulus in den Westteil des Grossmünsters versetzt.

AUGUSTO GIACOMETTIS WEIHNACHTSFENSTER IM CHOR

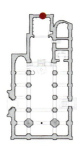

DASS DIE GOTTESMUTTER in einer reformierten Kirche so zentral ins Bild gesetzt wird, ist bemerkenswert. Ebenso bemerkenswert ist für den aufmerksameren Betrachter, die aufmerksame Betrachterin allerdings auch, dass die Maria von Augusto Giacometti kurze Haare trägt und keinen Schleier. Im mittleren Fester steht sie aufrecht, in blauem Gewand, mit segnender Geste, die dominierende Figur. Ihr zu Füssen liegt das nackte Jesuskind auf dem Boden. Auch dies ist zumindest bemerkenswert: Der ursprüngliche Entwurf des Künstlers sah eine sitzende Madonna mit Kind vor. Diese erschien der auftraggebenden Behörde als «zu katholisch». Da gestaltete er sie eben nach dem Vorbild seines Glasfensters von St. Martin in Chur und legte das Kind auf Stroh. Hinter der zentralen Figur der Maria wächst ein grünender Lebensbaum in die Höhe, mit Vögeln darin, darüber wölbt sich der Nachthimmel mit dem Weihnachtsstern und zwei Engeln; der eine trägt in der Hand eine rote Rose, der andere einen Rosenkorb.

Augusto Giacometti schrieb über den Entwurf zu diesen Bildfenstern in sein Tagebuch: *«Geburt Christi» und «Verehrung Christi», Hirten, Ochs und Esel fehlen, wie auch der dritte König. Künstlerische Freiheit.*

In den beiden seitlichen Fenstern finden sich zwei Könige mit Goldpokalen, linksseitig verziert mit einem Halbmond am Deckelknauf. Sie tragen Sternengewänder als Anspielung auf die biblischen Sterndeuter, die Weisen aus dem Morgenland, vielleicht auch ein Ausdruck von Augusto Giacomettis persönlicher Affinität zur Astrologie. Links – vom Betrachter aus gesehen im rechten Fenster – tragen die Engel Körbe mit Früchten, rechts solche mit Blumen. Gekleidet sind sie mit einer Tunika über schönen Gewändern, Flügel lassen sich kaum erahnen.

Tupfblumen rahmen die Fenster ein und verstärken den Jugendstil-Charakter dieser Glasgemälde. Augusto Giacometti, der Maler aus Stampa im Bergell (1877–1947), schrieb in sein Tagebuch: *Sujet weniger wichtig als das Spiel der Farben*, und: *Malen mit Glas, statt auf Glas.* Einen starken Einfluss auf sein Werk hatten die Glasfenster von Chartres und Troyes. Er arbeitete vorwiegend mit den Farben Rot und Blau, kleinteilig gefasstem Glas und viel Schwarzlot.

An Weihnachten fällt die flache Wintersonne zur Gottesdienstzeit direkt in das mittlere Fenster ein und lässt seine Farben intensiv erstrahlen. Es erzählt dann in besonders einleuchtender Weise davon, was in dieser Kirche verkündet wird: die Inkarnation, die Menschwerdung Gottes in Christus, sein Eingehen in diese Welt. Er ist die zentrale Figur, zu der die Vorformen und Präfigurationen in Sigmar Polkes Glasfenster uns hinführen:

Und das Wort, der Logos, wurde Fleisch
und wohnte unter uns,
und wir schauten seine Herrlichkeit,
eine Herrlichkeit, wie sie ein Einziggeborener vom Vater hat,
voller Gnade und Wahrheit. (Johannes 1,14)

ZWEITER RUNDGANG: *Raum und Räume*

Die Propstei Felix und Regula in Zürich – erst im 14. Jahrhundert taucht die Bezeichnung Grossmünster auf – erhielt ihre architektonische Grundgestalt im 12. Jahrhundert. Sie war im Mittelalter mit ihren 24 Chorherren und 32 Kaplänen das bedeutendste Stift im Bistum Konstanz und zugleich die Pfarrkirche der Stadt am rechten Limmatufer, deren Sprengel bis ins Glatttal hinüberreichte. Die Anfänge verlieren sich im Dunkeln. Eine erste dokumentierte Nennung der *ecclesia sanctorum Felicis et Regule* im 10. Jahrhundert markiert nicht den Beginn des Bauwerkes. Aufgrund archäologischer und hagiografischer Forschung kann von der ersten Hälfte des 8. Jahrhunderts an mit Bauten auf dem heutigen Platz des Grossmünsters gerechnet werden. Zur Betreuung der Pilgerschar (Wallfahrt zu den Gräbern der Märtyrer) entstand vermutlich ein kleiner Konvent, der im 9. Jahrhundert nach der Aachener Regel zusammenlebte. An seiner Spitze stand ein Dekan, seit dem 12. Jahrhundert ein Propst, den die Kleriker aus ihrer Mitte selbst wählen durften, ebenso wie den Seelsorger, den Plebanus, oder wie er später hiess: den Leutpriester.

Als Reichsstift besass das Grossmünster Güter rund um Zürich. Neben den frühen Grossmünstergütern Albisrieden, Schwamendingen, Fluntern, Höngg und Meilen gelang es dem Stift, seinen Besitz im Lauf des Mittelalters bis an die Töss, den Rhein, die Reuss, den Zuger- und den oberen Zürichsee auszudehnen. Die Chorherren lebten im späteren Mittelalter nicht mehr monastisch, sondern wie Feudalherren in eigenen Chorherrenhöfen, die ihre Pfründen verwalteten, vornehmlich an der Kirchgasse. Sie kamen aber regelmässig zum Chorgebet in der Kirche und zu Konventen im Stiftsgebäude zusammen. Nebst dem Propst und dem Leutpriester gab es auch das Amt des Kustos, des Kantors, des Scholasticus und des Bibliothekars. Die Ämter des Kellermeisters und des Kämmerers wurden weltlich besetzt. Das Grossmünster hat seine Chorherren aus den Kreisen des lokalen und regionalen Adels rekrutiert und stand stets in engster familiärer Verbindung zu den ratsfähigen Geschlechtern der Stadt.

In seiner jetzigen architektonischen Gestalt ist das Grossmünster eine dreischiffige romanische Basilika, mit einem Hauptschiff (Laienkirche), einem Hochchor (Klerikerkirche), einer Krypta und einer Seitenkapelle, zwei Sakristeien und den Emporen. Zwei weitere Kapellen gab es im Stiftsgebäude, in dem sich seit dem 12. Jahrhundert auch eine Lateinschule befand und heute die theologische Fakultät der Universität Zürich untergebracht ist. Dieser zweite Rundgang möchte Sie durch die verschiedenen Räume hindurchführen, Sie auf deren Schönheit aufmerksam machen und Ihnen von ihrer Bedeutung damals und heute erzählen.

1 DAS KIRCHENSCHIFF
2 DIE KRYPTA
3 DER HOCHCHOR
4 DIE ZWÖLFBOTEN-KAPELLE

DAS KIRCHENSCHIFF

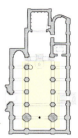

UM DAS KIRCHENSCHIFF zu betrachten und in seinen mächtigen Dimensionen auf sich wirken zu lassen, muss man sich erst einmal hinsetzen: am besten in die hinteren Bänke, nicht zu weit unter die Orgel-Empore, sodass der Blick frei schweifen kann. Das Kirchenschiff bildet gewissermassen die «irdische» Ebene dieser Kirche ab, in der es auch noch eine «überirdische» gibt, den Hochchor, und eine «unterirdische», die Krypta. Dieser romanische Baukörper, von schweren Pfeilern getragen, massiv wie eine Burg, in der man sich bergen kann, ist die Kirche des Volks, die Laienkirche. Liturgisch kam diesem Raum nie eine grosse Bedeutung zu. Und trotzdem ist die Architektur eine triumphale, denn durch diesen Raum hindurch führten im Mittelalter die grossen Prozessionen: durchs prächtige Nordportal eintretend und durchs Südportal hinaus trug man die Kopfreliquien der Zürcher Stadtheiligen Felix und Regula, hinunter zur Wasserkirche und hinüber ins Fraumünster, wo ihre Gebeine aufbewahrt wurden. Das war die spirituelle Achse der mittelalterlichen Stadt – und eigentlich auch die Hauptachse der Laienkirche.

Man stelle sich vor: ein Raum ohne Bänke, dämmeriges Licht, weihrauchgeschwängerte Luft, ein ständiges Kommen und Gehen aller möglichen

Menschen und Priester, die an mehreren Altären Messen lasen, dazu auch Hunde und andere Tiere, die umherliefen (das Stift musste Peitschen anschaffen, um sie hinauszutreiben) – dieser Raum war nie nur Andachtsraum. Auch heute geht es da ja manchmal zu wie auf einem Bahnhof.

Und trotzdem ist es ein ganz besonderer Raum, das spüren alle, die ihn betreten. Die Atmosphäre ist anders als draussen. Hier kann man aufatmen. Hier kann man sich ausruhen. Hier kann man sich umsehen und sich ansprechen lassen. Einfach ein wenig sein und nichts müssen – nichts kaufen, nichts konsumieren, nichts vorweisen, nichts tun. Vielmehr etwas an sich geschehen lassen. Die wesentlichen Dinge im Leben kann man ohnehin nicht kaufen, nicht machen, sich nicht selber sagen. Wir sollen und dürfen sie uns schenken lassen. Sich dies zu vergegenwärtigen, dazu lädt dieser Raum ein.

Seit der Reformation und nach dem sogenannten Bildersturm (gemäss dem Ratsbeschluss vom 15. Juni 1524), bei dem alle 24 Altäre und sämtliche Altarbilder aus der Kirche entfernt worden sind, hat das Kirchenschiff eine andere Funktion und Bedeutung bekommen als davor: Es wurde zum Predigtraum der reformierten Gottesdienstgemeinde. Und das ist es noch heute. Bänke und Kanzel (1853) sind dazugekommen – die gegenwärtige Ausstattung stammt aus dem 19. Jahrhundert. Der heutige Taufstein (1598) steht nicht mehr wie der ursprüngliche im hinteren Mittelschiff, im Westteil der Kirche, sondern vorn, im Zentrum. Er dient, wenn das Abendmahl gefeiert wird, auch als Tisch. Und wochentags liegt darauf immer eine geöffnete Bibel und markiert so die Mitte, das spirituelle Zentrum der reformierten Kirchen, die sich allein auf die Heilige Schrift gründen und aus dem Hören auf das Wort Gottes leben.

Gerade darum ist dieses Haus ein Gotteshaus und ein «Ort der Kraft»: Weil sich seit seiner Erbauung in ununterbrochener Kontinuität Menschen darin versammelt haben, um Gottesdienst zu feiern, ihre Kinder zu taufen, ihre Toten zu beklagen, ihre Nöte und Ängste, aber auch ihre Dankbarkeit und Freude vor Gott zu bringen – bis heute. Diese Mauern hallen wieder von den Lobliedern von Generationen und sind gewaschen mit den Tränen unserer Väter und Mütter im Glauben.

DIE KRYPTA

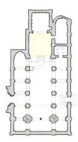

DIE KRYPTA, eine der grössten romanischen Hallenkrypten nördlich der Alpen, gehört zu den ältesten Teilen des heutigen Münsters, geweiht 1107 durch den Bischof von Konstanz. Gebaut wurde sie nach der Art einer kaiserlichen Grablege wie etwa die in Speyer, doch gibt es keine gesicherten Grabfunde in diesem Raum. Das Grossmünster war schliesslich auch keine Kathedrale, keine Kirche mit einer bischöflichen Kathedra, sondern Stiftskirche, Monasterium, eben: ein Münster.

Es gab eine Vorgängerkirche, die nach der Legende von Kaiser Karl dem Grossen über den Gräbern der Stadtheiligen Felix und Regula erbaut worden sein soll. Tatsächlich gibt es Mauerreste unter dem heutigen Grossmünster, die aus dem 9. Jahrhundert stammen. An ihren legendären ersten Stifter erinnert die Karlsstatue, die diesen Raum heute unglücklicherweise stark dominiert. Weil die Figur stark verwittert war und sich trotz mehrmaliger Restaurierungsversuche nicht länger erhalten liess, wurde sie vom Karlsturm genommen (wo jetzt statt ihrer eine Kopie auf die Stadt herunterblickt) und zu guter Letzt zur Aufbewahrung hierhergebracht – so wurde aus dieser Krypta schliesslich doch noch eine «kaiserliche Grablege».

Es gab im Mittelalter auch in diesem Raum einen Altar, den Mauritius-Altar, der unmittelbar unter dem Hauptaltar im Sanktuarium des Hochchors stand. Aber die Krypta war ähnlich wie das Hauptschiff der Kirche ein liturgisch wenig bedeutsamer Raum. Er hatte von Anfang an mehr Zeichenfunktion. Krypta heisst «verborgene Kirche» und bedeutet, dass Gott auch ins Verborgene sieht, dass er überall gegenwärtig ist, nicht nur im Himmel und auf der Erde, sondern auch unter der Erde; nicht nur im Licht, sondern auch im Dunkel; nicht nur bei den Lebenden, sondern auch bei den Toten. Heisst es im Glaubensbekenntnis von Christus nicht, er sei *hinabgestiegen in das Reich des Todes ...?*

Auch in diesem Raum sollte man sich einen Augenblick hinsetzen, um die Harmonie seiner Architektur auf sich wirken lassen. Es ist ein Raum zum Beten. Vielleicht eignet sich dazu Psalm 139, der so wunderbar zur Sprache bringt, was diese Steine zu bekennen scheinen:

HERR, du hast mich erforscht, und du kennst mich.
Ob ich sitze oder stehe, du weisst es,
 du verstehst meine Gedanken von fern.
Ob ich gehe oder liege, du hast es bemessen,
 und mit allen meinen Wegen bist du vertraut.

Wohin soll ich gehen vor deinem Geist
 und wohin fliehen vor deinem Angesicht?
Stiege ich hinauf zum Himmel, du bist dort,
 und schlüge ich mein Lager auf im Totenreich, sieh, du bist da.
Nähme ich die Flügel der Morgenröte
 und liesse mich nieder am äussersten Ende des Meeres,
auch dort würde deine Hand mich leiten
 und deine Rechte mich fassen.
Und spräche ich: Finsternis breche über mich herein,
 und Nacht sei das Licht um mich her,
so wäre auch die Finsternis nicht finster für dich,
 und die Nacht wäre licht wie der Tag,
 Finsternis wie das Licht. (Psalm 139, 1–4; 7–12)

DER HOCHCHOR

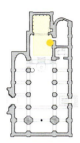

DER HOCHCHOR ist die eigentliche Klerikerkirche, zu der das Volk im Mittelalter keinen Zutritt hatte. Er besteht aus zwei Räumen, dem Presbyterium, wo sich die Chorherren zum Chorgebet versammelten, ursprünglich zugänglich vom Kreuzgang des angebauten Stiftsgebäudes her, und – getrennt durch einen tiefgezogenen Deckenbogen – das um eine Stufe erhöhte Sanktuarium, wo der Hochaltar stand. Er war den Stadtheiligen Felix und Regula gewidmet und wurde 1117 durch den Erzbischof von Trier geweiht. Durch eine Chorschranke vom Schiff getrennt und zugänglich über die steile Chortreppe, unterhalb derer sich ebenfalls einige Altäre befanden, war dieser Raum der liturgisch bedeutsamste des Münsters. Hier wurde das Hochamt zelebriert und Eucharistie gefeiert.

Dieser Hochchor mit seinem kastenförmig geraden Chorabschluss und der Arkadengliederung im Sanktuarium beruft sich in seiner architektonischen Gestalt stark auf die Kathedrale von Konstanz. Aber im Grossmünster als der «zweiten» Kirche des Bistums wollte man das bischöfliche Altarhaus nicht bloss abbilden, sondern versuchte es in seiner motivischen Ausgestaltung noch zu überbieten. Vermutlich verdanken wir dies dem ersten Propst des Chorherrenstifts, dem hochadligen Rudolf II. von Homburg, der gleichzeitig Bischof von Basel war, von Kaiser Heinrich V. mit allen Privilegien ausgestattet.

Schwach sind zwischen den Blendarkaden im Sanktuarium noch verschiedene Schichten von Malereien zu sehen: auf der Nordseite über der Tür das Schweisstuch der Veronika (16. Jh.), im Weiteren Heiligenfiguren mit Schriftbändern, auch eine mit dem Kopf auf den Armen, wohl Felix oder Regula – gut lassen sich die Motive und das Bildprogramm aber nicht mehr lesen. Von den grossen Gemälden der einst vollständig bemalten Nordwand des Presbyteriums, beispielsweise vom Jüngsten Gericht über der Tür, die zum Kreuzgang führt, ist leider gar nichts mehr erhalten.

Wenn wir jedoch den Blick auf die Südwand richten, entdecken wir ein kleines Bild im Bogen über dem Törchen zur Zwölfboten-Kapelle, das nach dem Bildersturm von 1524 zum Glück nur zugemauert wurde; so hat es sich bis heute erhalten. Es stammt möglicherweise von Hans Leu dem Jün-

geren. 1897 wiederentdeckt und in den 1970er Jahren restauriert, lässt es uns etwas ahnen von der Kraft der Bildsprache jener vorreformatorischen Darstellungen des Glaubens. Es stellt den Schmerzensmann dar, noch bis zu den Hüften im Grab stehend; seine Wundmale in den Handflächen und an der Seite weisen ihn aus als den Gekreuzigten, die Segensgeste als den Auferstandenen. Rund um ihn herum die Marterwerkzeuge, aber sein Haupt ist umgeben von einer Aureole und auf dem jugendlichen Gesicht liegt ein Lächeln. So scheint er zu sagen: Ihr, die ihr hier eintretet, um zu den Gräbern hinunterzusteigen, wisst: Der Tod hat nicht das letzte Wort. Er ist besiegt. *Ich bin die Auferstehung und das Leben. Wer an mich glaubt, wird leben, auch wenn er stirbt.* (Johannes 11,25)

Heute ist der Chor leer. Er wird kaum mehr für Gottesdienste genutzt. Öfter noch zum Singen, der besonderen Akustik wegen. Kirchen wie das Grossmünster wurden ja auch zum Singen gebaut. Daran erinnert dieser Raum in seiner jetzigen Leere vielleicht noch stärker als zuvor: dass wir unsere Herzen erheben sollen zu dem, der alle unsere Vorstellungen übersteigt, und unsere Stimmen zu seinem Lob und Preis.

DIE ZWÖLFBOTEN-KAPELLE

WENN WIR UNTER DEM BILD des segnenden Christus in der Tumba durch das kleine Türchen treten und die steile Treppe hinuntersteigen, befinden wir uns in einer eigentlichen Grabkapelle. In einem Reliquienschrein auf einem kleineren Altar (*inferius altare martyrum* genannt, im Unterschied zum Hochaltar im Sanktuarium, der der Hauptaltar für die Verehrung von Felix-und Regula war) barg sie einst die Häupter der beiden Stadtheiligen. In der Kapelle waren auch ihre Gräber und ein sogenanntes Heiliges Grab, eine sargförmige Truhe, das an das Grab Christi in Jerusalem erinnern sollte. Bei den Osterspielen wurde dieses jeweils in die Liturgie miteinbezogen. In dieser Kapelle, möglichst nahe bei den Heiligen, liessen sich Leute aus den bedeutendsten Familien der Stadt beisetzen, etwa aus dem Geschlecht der Manesse.

Dieser Raum war für die mittelalterlichen Menschen der «heiligste Ort» der ganzen Kirche. Durch das südliche Seitenschiff konnte man damals direkt in diese Kapelle mit dem Schrein und den hochverehrten Reliquien gelangen. Heute sind leider Kapelle und Seitenschiff durch ein Treppenhaus getrennt, das im 19. Jahrhundert als Zugang zur Empore eingebaut worden ist. Wo vormals der Altar stand, steht jetzt nur mehr eine Wand.

Ihren Namen hat die Zwölfboten-Kapelle von einem Altar in der Apsis, der Peter und Paul sowie den übrigen Aposteln gewidmet war. Er war in der Reformationszeit samt aller weiteren Ausstattung, den Tumben, den Reliquien weggeräumt worden. Auf den teilweise gut erhaltenen Fresken dieser Kapelle erkennen wir mehrere Szenen, in denen Jesus mit den Zwölfen dargestellt ist (aus dem 13. Jh.), eine Fusswaschungsszene, eine, zwei, ja vielleicht sogar drei verschiedene Abendmahlsszenen, an der Nordwand deutlicher erkennbar als an der Südwand. An jener entdecken wir dafür, leicht entzifferbar, den Namen Rudgerus Ma(n)esse Scolastic(us), Teil der ältesten Inschrift im ganzen Münster (1271). Der Genannte wird wohl im Zusammenhang mit der Stiftung eines weiteren Altars für diese kleine Kapelle erwähnt, eines Elftausend-Jungfrauen-Altars, der mit einer eigenen Kaplanei dotiert war.

Heute präsentiert sich die Kapelle ganz anders. In der Apsis steht der schöne achteckige gotische Taufstein, der sich wohl ursprünglich im Westteil

des Kirchenschiffes befunden hat. Vor der Wand Richtung Westen steht der weniger schöne Abendmahlstisch von 1914, der nur wenige Jahre im Chor des Grossmünsters gestanden hat, und dann, wegen Unzweckmässigkeit, in der Kapelle entsorgt worden ist und heute leider nicht mehr daraus entfernt werden darf.

Die Kapelle mit ihren paar Kissen, Stühlen und Kniebänklein dient heute als Gebetsraum. Sie ist im gut besuchten Grossmünster der einzige Raum, in dem man sich in die Stille zurückziehen kann – eine kleine Oase der Ruhe, ein kostbarer Leer-Raum.

DRITTER RUNDGANG: *Skulpturen*

Das Grossmünster ist eine Kirche, die reich mit romanischer Bauplastik ausgestattet ist. Gerade in diesen Skulpturen, vornehmlich in denen des Innenraums, manifestiert sich der Geist dieses Bauwerks und seiner Zeit besonders eindrücklich. Baumeister und Steinmetzen unterschiedlicher Herkunft (Lombardei, Norditalien, Katalonien, Elsass) haben in mehreren Bauetappen mit Kunstwerken in ganz unterschiedlichen Stilen zum Münster beigetragen. Diese Skulpturen konzentrieren sich in erster Linie entlang der zwei Hauptachsen durch das Münster, der Querachse vom Nord- zum Südportal, der *via sacra* für die grossen Prozessionen, und der Längsachse im südlichen Seitenschiff, die auf den Zugang zu den Heiligengräbern in der Zwölfboten-Kapelle hinführt. Auch im Raum unter der Westempore, der als Baptisterium diente, sowie am Chorbogen, der sich zum Altarraum öffnet, findet sich viel feine Steinmetzarbeit. An der Fassade und ausserhalb der Kirche sind das Hauptportal des Münsters und der Kreuzgang des Stiftsgebäudes bildhauerisch reich verziert. Eine vollständige Beschreibung aller vorhandenen Bauplastiken, Kapitelle, Schlusssteine liegt nicht in der Absicht dieses Büchleins. Vielmehr will dieser dritte Rundgang nur wenige ausgewählte Beispiele kurz beleuchten. Die Skulpturen erzählen uns Legenden und Geschichten und sind alle voller Symbolik und Vieldeutigkeit. Neben biblischen Figuren finden sich Tiere und Fabelwesen, Menschen- und Monstergestalten, Pflanzenmotive und Ornamente. Wir staunen noch heute über die Phantasie und Darstellungsfreude der Künstler von damals.

Nicht nur romanische Steinmetze, auch spätere Künstler haben im Grossmünster gearbeitet – es finden sich in einer so alten Kirche Spuren aus allen Jahrhunderten. Manche sind wieder verblasst und verschwunden, andere drängen sich fast zu sehr in den Vordergrund. Aber auch diese haben eine Botschaft, die zu entziffern sich lohnt. Besonders erwähnt seien die Werke von Otto Kappeler und von Otto Münch, auf die wir später zurückkommen werden.

1 KARL DER GROSSE UND DIE ZÜRCHER STADTHEILIGEN
2 STECK DEIN SCHWERT IN DIE SCHEIDE – DAS GUIDO-RELIEF
3 DIE VIELEN GESICHTER DES LÖWEN
4 HASEN – IMMER AUF DER FLUCHT
5 DIE VIER EVANGELISTEN
6 DAS HAUPTPORTAL SCHLIESST VIELE TÜREN AUF

KARL DER GROSSE UND DIE ZÜRCHER STADTHEILIGEN

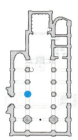

DIE DARSTELLUNGEN der beiden Stadtheiligen Felix und Regula und diejenige des grossen Kaisers Karl haben beide einen legendarischen Hintergrund: Einmal die Märtyrerlegende, die sich um die beiden Patrone Zürichs rankt. (Ein dritter, Exuperantius, zürichdeutsch «Häxebränz», ist ihnen erst im 13. Jahrhundert zugesellt worden). Sie sollen der Thebäischen Legion angehört haben, ägyptische Christen die im späten 3. Jahrhundert in St. Maurice (Kanton Wallis) das Martyrium erlitten. Sie hätten überlebt und seien von dort über die Alpen nach Zürich geflohen. Hier aber habe man sie aufgrund ihres Glaubens enthauptet, unten bei der Limmat, an der Richtstätte vor der heutigen Wasserkirche. Die beiden Blutzeugen hätten jedoch ihre abgeschlagenen Häupter noch den nahen Moränenhügel hinaufgetragen, an den Ort, an dem heute das Grossmünster steht und damals ein römischer Friedhof lag. Dort seien sie schliesslich begraben worden. Diese Legende ist im 8. Jahrhundert erstmals aufgeschrieben worden. Darin wird erwähnt, dass es seit alters eine Wallfahrt zu den Heiligengräbern gegeben habe. Eine zweite, jüngere Legende erzählt von der Gründung des Grossmünsters als einer Felix- und Regula-Kirche und eines Kanonikerstifts an diesem Ort. Karl der Grosse soll einst auf der Jagd einen Hirsch verfolgt haben, von Aachen bis nach Zürich. An eben dieser Stelle sei sein Pferd auf die Knie gesunken, nicht vor Erschöpfung,

sondern weil das fromme Tier damit dem Kaiser habe zu verstehen geben wollen, dass sich hier die Gräber von Heiligen befänden. Daraufhin habe Karl deren Gebeine heben und zu Ehren der beiden Märtyrer eine Kirche und Propstei erbauen lassen.

Das Felix-und-Regula-Relief gehört zur ältesten Gruppe der Pfeilerreliefs im Grossmünster, es wurde mit grosser Detailliebe geschaffen von lombardischen Meistern. Die Barttracht, der Faltenwurf der Gewänder, Hände und Füsse sind mit grosser Feinheit gestaltet. Charakteristisch sind auch die grossen Häupter mit den hervortretenden Augen. Dass die beiden Märtyrer ihre Köpfe wieder auf den Schultern tragen, mit Aureolen versehen, und Siegespalmen in den Händen, weist darauf hin, dass sie als Auferstandene dargestellt sind. Ihnen folgt der mächtigste Herrscher der damaligen Welt, Karl der Grosse, der sein grosses Reich vom Pferdesattel aus regierte, hoch zu Ross und versehen mit Zepter, Krone und Reichsadler. Felix und Regula gehen voraus und weisen dem Kaiser und allen Gläubigen, die die Kirche durchs Nordportal betreten, den Weg zum Heil. Denn vorne, im Sanktuarium des Hochchores, stand in vorreformatorischer Zeit der Felix und Regula geweihte Hauptaltar, wo die heilige Messe gefeiert wurde.

STECK DEIN SCHWERT IN DIE SCHEIDE – DAS GUIDO-RELIEF

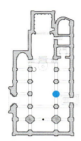

DAS ZWEITE PFEILERBILD, wie das Felix-und-Regula-Relief auf der Querachse des Grossmünsters angeordnet, gibt dem Betrachter viele Rätsel auf. Es zeigt sechs männliche Gestalten, die mittleren beiden, mit Helm und Schild als Edelleute gekennzeichnet, sind in einen Zweikampf verwickelt. Der eine zieht ein Schwert, auf dem der Name Guido eingraviert ist (davon hat dieses Relief seine Bezeichnung «Guido-Relief»), der andere stösst seinem Gegner den Dolch in die Brust. Seine beiden Sekundanten, jüngere Männer, kommentieren die Szene mit Genugtuung. Guidos Sekundanten hingegen verhalten sich merkwürdig abwehrend. Der Ältere, dem Kämpfer näher Stehende, hält ihn am Arm fest und hindert ihn daran, die Waffe gegen seinen Gegner zu führen. Und der Jüngere lässt sein Schwert in der Scheide statt dem Angegriffenen zu Hilfe zu eilen. Die eingedrehte Stellung des einen Fusses scheint Verlegenheit auszudrücken.

Das Guido-Relief ist schwer zu deuten. Die einen wollen darin ein geschichtliches Ereignis dargestellt sehen und vermuten beispielsweise, das Relief zeige, wie Herzog Burchard von Schwaben 965 im Auftrag Ottos des Grossen in Oberitalien den Markgrafen Guido von Ivrea getötet hat. Aber wo hat man schon gesehen, dass dem Namen des Besiegten ein Denkmal gesetzt worden wäre und nicht dem des Siegers? Oder hat sich in dem Namenszug lediglich der Bildhauer selbst verewigen wollen? Andere sagen,

im Guido-Relief komme eine alttestamentliche Szene zur Darstellung: Der Meuchelmord Joabs an Abner (2. Samuel 3). Beide waren Heerführer der verfeindeten Königshäuser David und Saul. Joab hatte, Freundschaft heuchelnd, dem um Frieden bemühten Abner in einer hinterhältigen Racheaktion das Schwert in den Bauch gestossen – aber eben nicht den Dolch in die Brust wie auf unserem Bild. In der christlichen Kunst wurde die Joab-Abner-Geschichte oft als eine Präfiguration des Verrats von Judas an Jesus gedeutet. Aber bei genauerer Betrachtung ist auf dem Relief nichts von Verrat zu sehen, im Gegenteil, es ist ein offener Zweikampf.

Eine interessante, eigenwillige Interpretation geht von der Betrachtung nicht der Kämpfer, sondern der Nebenfiguren aus. Auf der einen Seite ungehemmte Angriffslust und Unbekümmertheit, auf der andern Seite abgewehrte Aggression und Zurückhaltung. Das Relief stammt aus einer Zeit, in der es noch kein staatliches Gewaltmonopol gab und Selbsthilfe in Form von Duellen und privaten Fehden gang und gäbe war. Könnte das Relief einen mittelalterlichen Friedensappell zum Ausdruck bringen: «Hört auf mit dem Töten»? Eine gewagte These. Jedenfalls ist nicht zu übersehen, dass der – vom Relief aus gesehen – von rechts her angreifende Kämpfer mit dem grösseren Schwert ausgerüstet ist, zudem hätte sein Sekundant noch ein zweites – es ist also die stärkere Seite, die auf den Gegenschlag verzichten soll! Während der von links her Angreifende bedenkenlos zusticht – die linke Seite ist, wie alle mittelalterlichen Gerichtsdarstellungen zeigen, die Seite derer, die verloren gehen, während die zur Rechten gerettet werden. Enthält das Guido-Relief also doch eine Mahnung und Warnung an die Gläubigen, Böses nicht mit Bösem zu vergelten? Wer zum Schwert greift, wird durch das Schwert umkommen … (Matthäus 26,52)

DIE VIELEN GESICHTER DES LÖWEN

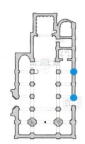

WER sich Zeit nimmt, die Kapitelle und Friese im und am Grossmünster genauer anzuschauen, wird feststellen, dass sich da Pflanzen, Tiere und Fabelwesen aller Art tummeln, aber kaum biblische Figuren oder Szenen zur Darstellung kommen. Was sollten die Menschen denn bei der Betrachtung dieser Skulpturen lernen?

Wenn wir bedenken, dass die Mehrheit der Leute im 12. Jahrhundert nicht lesen konnte, ihnen Bücher also verschlossen blieben, bekommt diese Frage Gewicht. Denn eine mittelalterliche Kirche war *der* Raum, in dem ihnen Gottes Wort ausgelegt und der Weg zum Heil gewiesen werden sollte. Darum wurde ihnen das «Buch der Natur» aufgeschlagen, darin die *einzelnen Geschöpfe sind wie Zeichen, die nicht nach menschlichem Beschluss, sondern nach göttlichem Willen gesetzt worden sind, um die Weisheit des unsichtbaren Gottes zu offenbaren,* – so lautet eine Formulierung des bedeutenden französischen Theologen und Augustiner-Chorherren Hugo von St. Victoire.

Tiere in Skulpturen sind also als Zeichen zu lesen, die aufgrund vielschichtiger Merkmale ganz Unterschiedliches bedeuten können. Ein Beispiel dafür ist der Löwe, der viele Bedeutungen haben kann, je nachdem, an welchem Ort wir ihm begegnen und in welchem Kontext: Sei es am Hauptportal, im Seitenschiff, am Chorbogen oder im Kreuzgang. Er kann Symbol Christi oder Symbol des Teufels sein – also durchaus Gegenteiliges symbolisieren.

Der Löwe als König der Tiere weist oftmals auf David hin, den König aus dem Haus Juda. Denn der Löwe gehört zu Juda, wie aus dem Segen Jakobs über seine zwölf Söhne hervorgeht:

Ein junger Löwe ist Juda.
Vom Raub, mein Sohn, wurdest du gross.
Er hat sich gekauert, gelagert wie ein Löwe,
wie eine Löwin – wer will ihn aufstören?
Nie weicht das Zepter von Juda,
der Führerstab von seinen Füssen,
bis sein Herrscher kommt
und ihm gebührt der Gehorsam der Völker.
(Genesis 49,9f)

Dieses Wort wurde in christlicher Perspektive als Messias-Verheissung auf Christus hin interpretiert, der ja früher vermutlich als Weltenrichter über dem Hauptportal thronte, durch das die Gläubigen die Kirche betraten. (Dieses Portal mit dem entsprechenden Tympanon existiert leider nicht mehr.)

Der «Physiologus», eine Art Naturkundebuch, in dem antike Tierbeobachtung mit christlicher geistlich-symbolischer Bedeutung verbunden ist, war im Mittelalter weniger wegen seiner wissenschaftlichen oder literarischen Qualität, als vielmehr seiner grossen Verbreitung wegen für die christliche Auslegung wichtig. Die Einleitung eines Kapitels lautet immer: *Der Physiologus sagt* und zum Schluss heisst es beispielsweise: *Schön sagt der Physiologus vom Löwen*. Er spricht ihm drei Eigenarten zu, eine erste: Wenn der Löwe ins Gebirge gehe, verwische er mit dem Schwanz seine Spuren, damit ihn die Jäger nicht verfolgen könnten. Die dazugehörige Deutung lautet: *So hat auch Christus, der geistliche Löwe, der Sieger aus dem Stamme Judas, aus dem Hause Davids, vom unsichtbaren Vater ausgegangen, seine geistlichen Spuren verwischt, das heisst seine Gottheit verborgen (Offenbarung 5,5)*.

Eine zweite: Wenn ein Löwe in der Höhle schlafe, so seien seine Augen offen. Sie findet folgende biblische Deutung: *Ich schlafe, und mein Herz wacht (Hohelied 5,2)*. Oder: *Der Hüter Israels schläft nicht und schlummert nicht (Psalm 121,4)*.

Und eine dritte, abenteuerliche, aber christlich offensichtlich einleuchtende: Wenn die Löwin ihr Junges gebäre, so gebäre sie es tot und wache bei ihm, bis am dritten Tag der Vater komme und es dadurch erwecke, dass er ihm ins Gesicht blase. Die Deutung: *So hat auch Gott, Allherrscher und unser aller Vater, am dritten Tag seinen erstgeborenen Sohn, der vor aller Schöpfung war, unseren Herrn Jesus Christus, vom Tod auferweckt (Kolosser 1,15)*.

HASEN – IMMER AUF DER FLUCHT

HASEN FINDEN SICH ZUHAUF im Grossmünster. Wir entdecken sie im südlichen Seitenschiff, wir entdecken sie vor allem im Kreuzgang, und einer findet sich auch ganz versteckt in der Krypta. Dass er sich versteckt, ist kein Wunder, denn die übrigen scheint ein trauriges Schicksal ereilt zu haben: von Hunden gehetzt und gebissen, von Löwen verschlungen, an den Hinterläufen aufgehängt erleiden sie alle ein böses Ende. Ständig von Gefahren umgeben und immer auf der Flucht, stehen sie allegorisch für die menschliche Seele, deren Widersacher, der Teufel, *umgeht wie ein brüllender Löwe und sucht, wen er verschlinge*, wie es im 1. Petrusbrief 5,8 heisst.

Tiere und deren Charakteristik auf den Menschen hin zu deuten, das war in der Antike, vor allem aber im Mittelalter gang und gäbe, und entsprechend war die Natursymbolik in der christlichen Kunst sehr beliebt. Der schon erwähnte «Physiologus», der auch für die Predigt oft verwendet wurde, weiss über die Hasen und ihre tiefere Bedeutung Folgendes zu berichten: Bergab rennende Hasen würden wegen ihrer kurzen Vorderläufe von Verfolgern rasch ereilt, während bergauf fliehende Hasen sich dank ihrer langen Hinterläufe meist retten könnten. Daran knüpft dieser Naturkundige (denn das heisst *physiologus*) folgende Betrachtung:

Wenn du, Mensch, verfolgt wirst von feindlichen Mächten samt dem Teufel, der dir Tag für Tag nach dem Leben trachtet, dann suche den Felsen und die Höhen, von welchen schon David sagt: Ich hebe meine Augen auf zu den Bergen. Woher wird mir Hilfe kommen? Meine Hilfe kommt von dem Herrn, der Himmel und Erde gemacht hat. Er kann deinen Fuss nicht gleiten lassen, der dich behütet, kann nicht schlummern (Psalm 121). Denn wenn der Böse sieht, dass der Mensch abwärts läuft und auf irdischen Gewinn bedacht ist, dann kommt er ihm umso eifriger nahe mit seinen Schlichen! Wenn er aber sieht, dass der Mensch nach dem Willen Gottes trachtet und den wahren Felsen aufsucht, unseren Herrn Jesus Christus, und dass er die Leiter der Tugenden hinaufgeht, dann muss er sich abwenden wie ein Hund.

Wie der schreckhafte Hase, der angeblich auch mit offenen Augen schläft, soll sich auch der Mensch in Acht nehmen, das Böse fliehen, Haken schlagen, damit ihn der Teufel nicht erwische, immer himmelwärts laufen und zu Gott aufsehen. Denn er ist von vielen lauernden Gefahren umgeben in dieser Welt des Fressens und Gefressenwerdens, die vor allem auf den Kapitellen im Kreuzgang so eindrücklich dargestellt ist. Nicht alle diese Kapitelle sind noch Originale. Denn das alte Stiftsgebäude wurde 1849 abgerissen und durch einen neoromanischen Bau ersetzt. Viele Plastiken mussten kopiert werden – wer genau hinschaut, sieht den Unterschied zwischen romanischem Original und historistischer Kopie sofort.

Neben all den Tieren und Fabelwesen gibt es im Kreuzgang auch Menschen, menschliche Köpfe und Gestalten. Zu ihrer Bedeutung lassen sich keine alten Bücher befragen. Vielleicht haben sich Regenten, Pröpste oder die Steinmetze selbst ein Denkmal gesetzt? Zumindest in dem wunderbaren Figürchen über dem kleinen Tor im Westflügel (das noch im Originalzustand ist) dürfte Letzteres der Fall sein. Ganz im Gegensatz natürlich zum «Fudischläcker» auf der Nordseite, der dem Betrachter, der Betrachterin den Hintern zeigt und ihn zwischen den Beinen hindurch auch noch anschaut. Abwehrzauber gegen den bösen Blick? Lassen Sie der eigenen Phantasie ihren Lauf!

DIE VIER EVANGELISTEN

DAS GROSSMÜNSTER hat mehrere Renovationen erfahren. Im 18. Jahrhundert diskutierte man sogar einmal seinen Abbruch, unterzog es dann aber einer barockisierenden Ausgestaltung: Man erneuerte die im 17. Jahrhundert erstmals angebrachte weisse Tünche an den Wänden und strich alle gliedernden Teile hellblau. Im 19. Jahrhundert wurde unter der festlichen Barockkirche der «ursprüngliche» romanische Bau wieder hervorgeholt: Unter dem Einfluss der *Antiquarischen Gesellschaft* legte man die Bauplastik wieder frei. Es gab allerdings auch zerstörerische Eingriffe: Der Einbau des Treppenhauses, welches das südliche Seitenschiff zerschneidet und von der Zwölfboten-Kapelle abtrennt, und der Abbruch des Kanzellettners. Ebenfalls aus dieser Zeit stammt die neue Kanzel von Ferdinand Stadler (1853).

Im 20. Jahrhundert wurde eine umfassende Innenrenovation unter Gustav Gull und Kantonsbaumeister Hermann Fietz vorgenommen. Auf diese beiden geht die heutige Bestuhlung von Schiff und Chor zurück, auch die Rekonstruktion der Chortreppe und der ursprünglichen seitlichen Zugänge zur Krypta. Auf der damals erstellten Chorabschrankung finden wir die Symbole der vier Evangelisten, in neoromanischer Manier entworfen von Hermann Fietz und ausgeführt von Otto Kappeler.

Evangelistensymbole gehören zu den ältesten und am häufigsten verwendeten figürlichen Darstellungen in christlichen Kirchen überhaupt. Sie gehen zurück auf die Thronvisionen des Propheten Ezechiel zur Zeit des babylonischen Exils im 6. Jahrhundert v. Chr. Ezechiel beschreibt seine Berufung zum Propheten:

Und ich sah, und sieh: Vom Norden kam ein Sturmwind, eine grosse Wolke und flackerndes Feuer, und rings um sie war ein Glänzen, und darin, im Feuer, sah es aus wie Bernstein. Und mitten darin war die Gestalt von vier Wesen, und dies war ihr Aussehen: Sie hatten Menschengestalt. Und jedes hatte vier Gesichter, und jedes von ihnen hatte vier Flügel. … Und das war die Gestalt ihrer Gesichter: Sie hatten ein Menschengesicht, und auf der rechten Seite hatten alle vier ein Löwengesicht, und auf der linken Seite hatten alle vier das Gesicht eines Stiers, und alle vier hatten ein Adlergesicht. (Ezechiel 1,4–10)

Die Vierzahl und die Art der Gesichter bei Ezechiel stammen aus der babylonischen Mythologie, in der die vier Gestalten vier männliche Planetengötter, Hüter der Weltecken, Träger des Himmelsgewölbes symbolisieren. Vierzahl wie Art der Gesichter wurden im Laufe der ersten zwei Jahrhunderte nach Christi Geburt auf die vier Evangelisten übertragen, wobei lange Zeit nicht eindeutig war, welches Symbol welchem Evangelisten zuzuordnen sei. Eindeutig war hingegen im Prozess der Kanonisierung der neutestamentlichen Schriften, dass es nur vier Evangelien geben könne, was sich eben mit dieser Typologie hinlänglich begründen liess. Im 4. Jahrhundert schliesslich gab der Kirchenvater Hieronymus im Vorwort zu seinem Matthäus-Kommentar die für die kirchliche Tradition bestimmende und gültige Deutung:

Die erste Gestalt, die eines Menschen, deutet hin auf den Evangelisten Matthäus, der wie über einen Menschen zu schreiben beginnt: «Buch der Abstammung Jesu Christi, des Sohnes Davids, des Sohnes Abrahams.» (Matthäus 1,1) Die zweite Gestalt deutet hin auf den Evangelisten Markus, bei dem die Stimme eines brüllenden Löwen in der Wüste hörbar wird: «Stimme des Rufers in der Wüste: Bereitet dem Herrn den Weg.» (Markus 1,3) Die dritte Gestalt eines Stierkalbes deutet hin auf den Evangelisten Lukas, der sein Evangelium mit dem Priesterdienst des Zacharias beginnen lässt. (Lukas 1,5) Und die vierte Gestalt deutet hin auf den Evangelisten Johannes, der, weil er die Schwingen eines Adlers erhält und so zu Höherem eilen kann, die Herkunft des Wortes Gottes erörtert. (Johannes 1,1)

DAS HAUPTPORTAL SCHLIESST VIELE TÜREN AUF

BRONZETÜREN kennt man in unserer Kultur seit der Antike. Berühmt sind aus mittelalterlicher Zeit diejenigen des Hildesheimer oder Augsburger Doms, aber auch jene von San Zeno in Verona oder des Baptisteriums von Florenz. Das Grossmünster bekam seine Bronzetür erst im 20. Jahrhundert. Gestaltet wurde sie von Otto Münch, einem in Zürich ansässigen Bildhauer und Künstler, der zuerst die Steinskulpturen am Grossmünster restaurierte und teilweise neu gestaltete. Dann bekam er den Auftrag, eine Tür fürs Südportal zu gestalten, auf der die Geschichte der Schweizer Reformation zur Darstellung kommen sollte. 1939 wurde diese sogenannte Zwingli-Tür eingesetzt. Für das Nordportal wollte man ursprünglich bei der einfachen Eichentür bleiben, um die romanische Plastik, welche sich wie ein Triumphbogen darüber wölbt, nicht zu konkurrenzieren: Am Hauptportal sollten die reichen Kapitelle, Friese und Gewände zur Geltung kommen. Doch schliesslich entschied man sich gleichwohl für eine plastische Bronzetür, und Otto Münch schuf die Bibel-Tür, die er 1950 vollendete. Sie hat die christliche Heilsbotschaft zum Inhalt und besteht aus 42 aneinandergefügten Kassetten, aus deren vertiefter Mitte verschiedene Reliefs hervorwachsen: Bildreliefs bei den inneren, Schriftreliefs bei einigen der äusseren Kassetten.

Nach alter christlicher Überlieferung hält sich die Bildfolge an die drei Hauptteile, von denen schon Karl der Grosse verlangte, dass seine Untertanen sie auswendig kennen sollten: 1. Die Zehn Gebote (oberste zwei Reihen), 2. das Apostolische Glaubensbekenntnis (mittlere drei Reihen, zu einer je-

den «Person» Gottes, zum Vater, zum Sohn und zum Heiligen Geist, je eine Reihe) und 3. das Unservater (zweitunterste Reihe). Sie bebildern also den Katechismus, wie ihn die Konfirmandinnen und Konfirmanden um 1950 noch lernen mussten. In der untersten Reihe erscheinen die vier Frauengestalten aus dem Stammbaum Jesu nach Matthäus 1: Das war der Text, den Zwingli am 1. Januar 1519 seiner ersten Predigt im Grossmünster zugrunde legte, als er die katholische Leseordnung durch die *lectio continua*, die fortlaufende Bibelauslegung im Gottesdienst, ersetzte. Er wollte zurück zu den Quellen. Darum begann er mit dem ersten Kapitel des ersten Buchs des Neuen Testaments.

Gebote, Glaubenssätze und Gebete können nicht direkt in Bilder umgesetzt werden. Doch wie sich auch die Bibel immer wieder der Gleichnisse bedient, um etwas über Gott zu sagen, so bediente sich Otto Münch bei der Gestaltung der Bibel-Tür der Geschichten aus dem Alten und Neuen Testament, um vom Glauben zu reden.

Drei Beispiele:
1. Kain erschlägt den Abel. Das sechste Gebot lautet: *Du sollst nicht töten.*
2. Jona wird vom Walfisch ausgespien. Im Glaubensbekenntnis heisst es: Jesus ist nicht im Tod geblieben. Er ist auferweckt worden. Er lebt.
3. Jesus betet in Getsemani. Die dritte Bitte im Unservater lautet: *Dein Wille geschehe.*

Vielleicht können Sie noch weitere Bilder «lesen» und einzelnen Aussagen zuordnen. Testen Sie ruhig Ihre Bibelfestigkeit.

NACHWORT

ES GÄBE SEHR VIEL NACHZUTRAGEN ... Insbesondere eine Betrachtung des Grossmünsters als Bauwerk von aussen, der romanischen und der neueren Bauplastik am Portal und an den Fassaden, eine Betrachtung des Kreuzgangs – doch dafür gibt es weiterführende Literatur. Das vorliegende Büchlein strebt keine Vollständigkeit an, es soll einführen in einen Raum, in dem der christliche Glaube lebt. Immer wieder neu muss dieser Glaube auf seine Zeit und auf eine veränderte Gesellschaft reagieren und zu neuen Ausdrucksweisen finden. Solche zu verstehen wurde der vorliegende theologische Führer geschrieben.

Denn *in jedem Kunstwerk gelingt ein wenig von dem, was in der christlichen Lehre «Transsubstantiation» genannt wird: Gewöhnliche Materialien transzendieren ihre Stofflichkeit, ohne sie zu verlieren.* (Patrick Frey, Magazin zum Tages-Anzeiger vom 19. April 2009)

Die Kommentare zu den einzelnen Bildern, Räumen und ausgewählten Skulpturen möchten Seh-Hilfen sein und Anleitungen, mit den Augen zu hören. Kirche – auch in ihrer baulichen Gestalt – ist immer Raum der Verkündigung des Wortes Gottes. Nicht nur in der Predigt, sondern auch in der Kunst, die uns in besonderer Weise an die Erfahrung heranführt, dass wir die wesentlichen Dinge im Leben nicht machen, sondern empfangen. Das Ziel von Kunst ist nicht Belehrung, sondern Begegnung. Dass diese Begegnung glückt, hängt ebenso sehr vom Können des Künstlers ab wie vom Kontext, in dem sich sein Werk darstellt, und vom Betrachtenden, der es wahrnimmt. Das bedeutet: Es ist letztlich etwas Unverfügbares, um das es geht – in der Kunst genauso wie in aller Religion und so auch im christlichen Glauben.

Kunst will uns befähigen zur Wahrnehmung von etwas anderem als unser selbst und dem, was wir schon wissen. Oder, umgekehrt, uns zu einer anderen Wahrnehmung unser selbst und dessen, was wir immer schon gewusst zu haben glauben, befähigen. Sie will in uns etwas hervorrufen, Empfindungen vielleicht, Assoziationen, Gedanken, Fragen und die Ahnung: Es muss nicht alles bleiben, wie es ist – es könnte auch ganz anders sein! Sie will uns in Unruhe versetzen und ruhig werden lassen, uns auf etwas konzentrieren und uns schweifen lassen, nicht nur zu uns selbst hinführen, sondern auch von uns selbst wegführen. Sie will uns öffnen für die Begegnung mit «dem Anderen», der im Raum der Kirche zu uns redet.

Zürich, im Herbst 2009
Pfarrerin Käthi La Roche

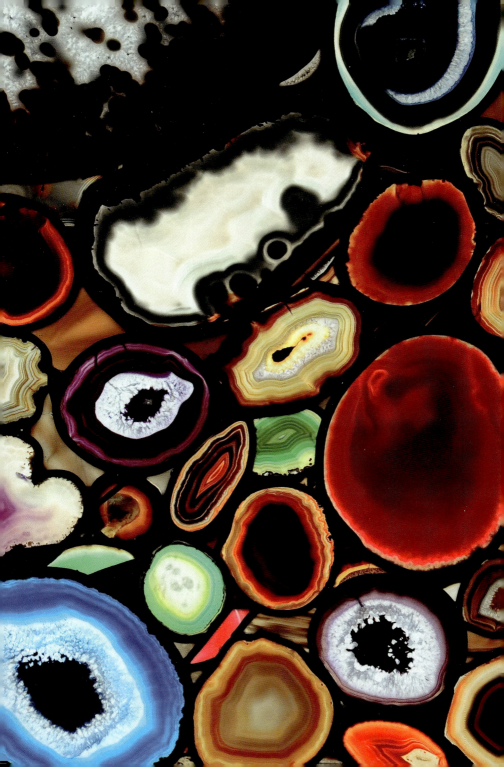